# LE PELERIN
# DE NOSTRE DAME
## DV CHESNE EN
### ANIOV.

*Representant partie des Miracles faicts en ladicte Chapelle.*

*Ensemble plusieurs Meditations, prieres & Oraisons à la Vierge.*

**A LA FLECHE,**
Par GEORGE GRIVEAU Imprimeur
ordinaire du Roy. 1625.
*Auec approbation.*

A

# TRESHAVT,

## TRES-PVISSANT ET

VERTVEVX SEIGNEVR,
Meſſire VRBAN DELAVAL,
Cheualier des Ordres du Roy, Conſeiller
en ſes Conſeils d'Eſtat & Priué, & en
ſa Cour de Parlement, Capitaine de cent
hommes d'armes, Seigneur de Boys-
daulphin, Marquis de Sablé, Mareſchal
de France, &c.

ONSEIGNEVR,

Ce Pelerin paſſant par ce
Pays, & ayant receu vne merueilleuſe conſolatiõ de la Vier-
ge Mere, touchant quelque douleur, dont il
eſtoit grandement affligé, a mis la main à
la plume pour en publier la merueille.
Comme auſſi pluſieurs autres deſquelles deuotement il s'eſt informé ſur le lieu, où ceſte
ſaincte Vierge noſtre Dame du Cheſne fait

tous les iours mille & mille miracles. Il m'en a laissé la coppie, accompagnée de plusieurs belles Meditations & prieres. Choses lesquelles approuuees, il est necessaire les exposant au iour, de les addresser à vn Seigneur plein de deuotion, de vertus & de merites. C'est dōc à vous, MONSEIGNEVR à qui i'en dois la dedicace, mesmes que ces merueilles se font prés de vostre seiour. Ie me promets que vous l'aggreerez, & que vous me ferez l'honeur, MONSEIGNEVR, de l'aduoüer, & luy donner pour sauf-conduit & sauue-garde l'authorité de vostre grandeur & reputation. C'est ce que ie desire & souhaitte en ceste entreprise, qui regarde l'honneur deu à Dieu, & à la Vierge. Receuez-le donc ie vous prie, & permettez moy de m'attribuer l'honnorable qualité de

## MONSEIGNEVR,

Vostre tref-humble & tres-obeissant seruiteur, GEORGE GRIVEAV.

# LE PELERIN

## DE NOSTRE DAME DV CHESNE

### EN ANIOV.

IE serois par trop ingrat à l'endroit de la Vierge Me-re, nostre Aduocate & me-diatrice enuers Dieu, si ayant accomply mon vœu à nostre Dame du Chesne, en Anjou, & ayant receu de ceste Dame, Reyne des Cieux, & Mere de Iesus-Christ, tant de faueurs lors qu'il luy a pleu inter-ceder pour moy, specialemét au plus fort d'vne grande affliction d'esprit;

ie ne publiois la merueilleuſe conſolation que i'ay receu tout à coup, luy
faiſant ma priere, comme auſſi partie
des miracles qui s'y font ordinaire-
ment, ainſi que i'ay appris par le recit
des habitans des Bourgs & Villages
circonuoiſins. Ie ſerois ingrat & peu
charitable, ſi ie ne les communiquois
aux Ames Chreſtiennes & Catholi-
ques, afin de les emflamer dauan age
à l'hôneur & ſeruice de ceſte ſaincte
& ſacree Vierge , & de les conuier à
implorer le credit indicible qu'elle a
enuers le tout puiſſant, & tel que vo-
lontiers, ſans ſes continuelles prieres
& ſupplications , toute la machine
du monde ſeroit reduite en cendre,
tant nos pechez ſont enormes , leſ-
leſquels offencent à tous momens
celuy qui s'eſt faict homme pour ſauuer l'homme. Ie me ſuis auſſi aduiſé
en ce mien Pelerinage de laiſſer par
eſcrit quelques deuotes Meditations
que le S. Eſprit m'a inſpirées ſur le

ſalut de l'Ange Gabriel ; Comme
auſſi quelques prieres qui ont telle-
mēt agree à ceſte ſaincte Emperiere
de tout l'vniuers, que les luy ayant
prononcees dans ſa Chappelle du
Cheſne, il luy a pleu à l'inſtant me
fauoriſer des effects merueilleux de
ſa ſaincte interceſſion.

Ces deuotes perſonñes, tant du
Bourg de Vion, que de Loüaille, &
autres lieux circonuoiſins, gens de
bien & d'honneur, & partant dignes
de foy, m'ont aſſeuré ( comme ſça-
uans, par la traditions de leurs Ance-
ſtres ) l'origine de la deuotion en la
Chappelle qu'on appelle la noſtre
Dame du Cheſnē, procede de ce que
quelques Bergers par cas fortuit,
trouuerent vne Image de noſtre
Dame dans la concauité d'vn vieux
Cheſne, laquelle ils porterent au
Bourg plus proche, & la baillant au
Curé du lieu, il la mit ſur l'Autel de
ſon Egliſe : Mais que la nuict elle

A iiij

estoit miraculeusement transferee,
& portee en son premier lieu & pla-
ce. Ce qui occasionna, & fist que les
plus deuots & zelez firent bastir vne
Chappelle, assez auãt dans vne lande
qui est de la Parroisse de Viõ, distãte
d'vne demie lieuë de Loüaille, dans
laquelle fut posee ladicte Image, où
la Vierge estãt honorée & reclamee,
plusieurs malades recouuroient guerison : Mais il arriua, qu'à cause des
guerres, & mesmes que l'heresie estãt
fort enflammee en ce Royaume de
France, du temps des Protestãs, ceste
Chapelle fut ruynee : toutesfois l'I-
mage fut conseruée, à laquelle vne
bonne & deuotieuse femme donnãt
vn iour vn bouquet, apres auoir faict
sa priere, il arriua qu'vn ieune garçon
passant par là, & voyant ce bouquet
dans la main droicte du petit enfant,
fut si inconsideré & temeraire, que
de le prendre & l'emporter : Mais il
en fut bien tost puny : car le col luy

deuint de trauers, en façon qu'il ne pouuoit tourner la tefte, dequoy fes parens grandement eftonnez, luy demanderét la caufe de fon mal, il leur dit, qu'il croyoit qu'il luy fuft venu pour auoir pris vn bouquet à l'Image de noftre Dame; on le meine à la Chapelle, où il rend le bouquet, & le remet dans la main du petit enfant Iefus, à l'inftant il fe trouue guery, dont les affiftans loüent & remerciét Dieu, & eurent deflors recours à la Vierge, tant en leurs afflictions fpirituelles que temporelles, où tous les iours & encores à prefent ils reçoiuét mille graces & faueurs. Cefte merueille doncques renouuella la faincteté du lieu, où l'on baftift maintenant vne fort belle Chapelle, pour plus hônorer le lieu qu'il a pleu choifir à la Vierge, pour là eftre hônorée, feruie & reclamee, & pour nous affifter de fon pouuoir, comme Mere de celuy qui de rien a fait toutes chofes.

Ils m'ont en outre asseuré qu'auant ce miracle, on y voyoit plusieurs Colombes qui voltigeoient autour de l'Image, & qui comme des Anges sembloyent faire feste, & honorer ladicte Image ; ce qui incita plusieurs Bergers à s'en approcher pensans de les prendre : mais comme ils en estoient fort prés, ils les perdoient de veuë, ce qui les estonnoit grandement.

Bien souuent la nuict on y voyoit vn feu ~~faict en forme~~ d'Estoile, qui demeuroit long temps sur ce qui restoit du bastiment de la Chapelle, ce qui (comme vn S. Elme) presageoit qu'en ce lieu là les orages des afflictions cesseroient, & qu'vne celeste bonace y regneroit par la vertu de ceste saincte Vierge.

Plusieurs Bergers & Bergeres, ayāt perdus quelques brebis ou moutons, & ayans recours à la Vierge, se mettoyent à genoux deuant son Image,

Inuoquant la faueur de la Vierge,
trouuoient à l'inftant les beftes qui
eftoient efgarees. Mefme qu'y eftant
l'vn m'affeura, qu'vn fien mouton
s'eftant efgaré, & que priant la Mere
de Dieu, à trente ou quarante pas de
là, il vit le mouton, qui belant ve-
noit à luy.

Vn Gentil-homme ayant efté pris
fur Mer par des Pyrates Turcs, fe
voüant à noftre Dame du Chefne, fe
trouua miraculeufement defliuré de
la tyrannie & cruauté de ces voleurs.
Et cela arriua par vne telle occafion,
que les Galleres de Florence les ren-
contrant, mirent leurs vaiffeaux à
fonds, & donnerent la liberté à ceux
qu'ils auoient vollez & pris prifon-
niers.

Vne grande Dame qui auoit de-
meuré cinq ou fix ans mariee, fans
pouuoir auoir lignée, fit fon vœu à
noftre Dame du Chefne, & l'accom-
plit auec tel zele & deuotion, qu'elle

fut exaucée: car elle euſt incontinent
apres vn beau fils, & depuis a eû
quantité d'enfans.

Ils m'aſſeuroient auſſi, que ſouuen-
tesfois on auoit veu ſuer l'Image, &
que la ſueur roulloit ſur ſa face à
groſſes gouttes.

De plus, vn ieune homme du Cha-
ſteau du Loir, perclus d'vne iambe,
s'eſtant deuotement recommandé à
ladicte Vierge, retourna de la Chapelle ſain & gaillard.

Vne femme de Cranet, qui de naiſ-
ſance auoit les bras renuerſez ſur le
dos, ſe recommandant à la Vierge, &
ſe portant ſur le lieu, lors qu'on diſoit
la Meſſe, endura de grãdes douleurs:
mais au ſortir de là, elle s'en retourna
à Cranet auſſi bien diſpoſée de ſes
membres, que ſi iamais elle n'euſt
eſté eſtropiee.

Vn Religieux de la Compagnie
de Ieſus grandement affligé de la
courte haleine, fit là ſon vœu, où auſſi

tost qu'il eut faict sa priere, il se sentit
tellement soulagé, que respirant librement, il s'en retourna publiant
par tous les lieux où il passoit la grace
que Dieu luy auoit faicte par l'intercession de la Vierge sa Mere.

Vne pauure femme du lieu de Viõ,
ayant demeurée long temps paralitique, ne pouuant marcher sans potan-
ces ou anilles, y receut miraculeusement guerison, & si esmerueillable,
qu'aussi tost qu'elle y eust ouy la
Messe & faict sa deuotion, elle s'en
retourna chez soy sans s'ayder de ses
potences. Chose qui deuroit toucher
le cœur des Heretiques, & les cõuier
voire cõtraindre à porter plus d'hõ-
neur & de respect à ceste saincte &
glorieuse Vierge, qui prie son Fils in-
cessamment pour leur conuersion,
afin qu'ils quittent la voye & le chemin de la damnation perpetuelle.

Bref, ils m'en reciterent plusieurs
autres fort remarquables : Mais me

repreſentant que quelque Religieux
plus capable de ce faire que ie ne
ſuis, les aſſemblera vn iour pour en
faire part à la poſterité, & pour exal-
ter les merites de la Vierge qui nous
eſt ſi fauorable,& propice enuers ſon
Fils Ieſus-Chriſt noſtre Seigneur. Ie
n'en expoſeray pas d'auantage : Et
toutesfois pour faire voir la valeur
des paroles de l'Ange qui fut l'Am-
baſſadeur de la Conception de la
Vierge. Ie prieray tref-ardamment
ceſte Vierge d'aggreer ce mien petit
labeur,de benir mes iours,& d'impetrer pour moy la grace de pouuoir
dans le Ciel contempler à iamais la
ſaincte face de Dieu, & la beauté de
ſa Mere, qui brille & rayonnera
à perpetuité par l'emprunt de
la diuine lumiere du Soleil
de Iuſtice & de miſeri-
corde, ſon Fils Ieſus
Chriſt.

## ORAISON SVR L'HVMILITÉ
### de la Vierge, & sur ses merueilles iournalieres.

Vierge des Vierges, Mere de Ie-sus-Christ & Reyne des Cieux, ie vous prie de presenter mes vœux, & mes tres-humbles supplications à vostre Fils nostre Seigneur, afin que la vertu d'humilité, comme le fonde-ment ou source des autres me soit lo vaze de mes actions, & l'origine de mon salut. Vous faictes paroistre, saincte Emperiere de tout l'Vniuers, que ceste vertu vous a esté si aggrea-ble, que vous auez voulu enfanter le fils de Dieu, & le Roy des Roys dans vn pauure lieu, dans vne Estable, lieu indigne de vostre grandeur & excel-lence. Et maintenant il vous plait choisir vn lieu entre les Bergers & les Landes, où vous faictes paroistre & admirer vostre indicible pouuoir & credit enuers vostre fils nostre Sei-

gneur, où vous donnez la veuë aux
Aueugles, l'ouye aux fourds, la parole
aux muets, le marcher & allegreſſe
aux boiteux & eſtropiés. Bref la ſanté
aux malades. I'ay recours à vous ſaincte Aduocate, mes yeux ſont couuers
de la catharacte du peché : mes oreil-
les ſont bouchees aux exhortations
neceſſaires à mon ſalut : ma langue eſt
muette pour chanter inceſſamment
comme ie deurois la gloire de Dieu
& ſes loüäges : Ie ſuis paralitique par
le peché de pareſſe, qui m'engourdi
tellement les membres, que ie ne me
porte librement & diligemment aux
lieux ou la deuotion m'appelle & me
conuie. Bref ie ſuis tellement malade
& infecté de mes offenſes, que ſi ie ne
ſuis guery par voſtre ſaincte interceſſion, mon ame ſe verra reduicte en
telle miſere & calamité, que Satan
s'en faiſãt vainqueur, elle ſera priuée
d'vn contentement non pareil, ou de
l'extaſe perpetuelle des biẽ-heureux.

LITANIE

## LITANIES TRES-DEVOTES
*à la glorieufe Vierge Marie.*

Douce Vierge Marie, Mere de
Iefus-Chrift Redempteur de
tout le monde, priez pour nous.
Reyne des Cieux, victorieufe de Satan, & cherie du Soleil de Iuftice,
cõme sõ Efpoufe, priez pour nous.
Le comble des vertus, & l'Aftre qui
les influë dans les ames fidelles,
priez pour nous.
Miroir fans macule, où toutes les
ames fainctes fe mirent, priez.
Vafe myftique où fut mis le beau lys
de noftre Redemption, priez.
Iardin facré, clos aux mondanitez
mais ouuert à communiquer les
graces & faueurs du fainct Efprit,
priez pour nous.
Rofe entre les efpines de l'integrité,

B

qui embafmez les ames Chreſtiennes de la douce odeur de vos vertus,　　　　　　　　priez pour nous.
Arche precieuſe, où neuf mois fut
conſeruee la Manne celeſte nourriture de nos ames,　　　　　priez.
Belle Eſtoile, Meſſagere de la venuë
du Soleil de Iuſtice, & de miſericorde, Ieſus-Chriſt,　　　　　priez.
Pure & ſaincte flamme nous preſa-
geant la bonace au plus fort de la
tempeſte, & orage de nos aduer-
ſitez,　　　　　　　priez pour nous.
Fortereſſe inexpugnable aux pechez,
vraye refuge des fideles Catholi-
ques,　　　　　　　priez pour nous.
Fontaine de douceur & de conſolation, dont l'eau ſacree eſtanche la
ſoif que nous cauſe le peché,
priez pour nous.
Laurier tref-ſalutaire dont l'indicible vertu, & miſericordieuſe interceſſion, nous preſeruent de la
foudre infernale, priez pour nous.

Saincte Cité, habitatiõ du tout puiſſant, où toutes les vertus ont faict
ſeiour,                    priez pour nous.
Entree de l'eternelle felicité, qui receuez les ames penitentes,  priez.
Abeille ſaincte & ſacree qui nous auez produit, & donné le miel diuin noſtre Seigneur,            priez.
Chaſte Colombe Meſſagere fidelle de noſtre conſolation, qui nous auez apporté le Rameau de paix & de tranquilité,     priez pour nous,

---

## ORAISON A LA VIERGE
### ſur les precedentes Litanies ou attributs de ſa pure Conception.

Vierge pleine de grace, puis que vous eſtes vn monde de vertus & de benedictions, & que vous ne ſouhaittez que le ſalut des humains, veillez par vn eſclair de voſtre ine-

ſtimable bonté , illuminer tellement
mon ame , chaſſant d'elle l'obſcurité,
& tenebres du peché, que participât
en quelque façon aux faueurs que
vous auez receuës du Ciel, elle puiſſe
tenir vos traces, & ſe voir dans le lieu
des ames glorieuſes , où vous regnez
comme Mere de Dieu. Faictes doncques Princeſſe de mes affections,
qu'aſſiſtee de voſtre ayde elle foulle
tellement ſoubs ſes pieds le diable, le
mõde, & la chair, qu'elle ſoit vn iour
placee par deſſus les Aſtres.

*Speculum ſine macula.*

Qu'elle ſoit comme vn Miroir ſans
tache ou macule, dans lequel on ſe
peut veritablement voir & cognoi-
ſtre, afin que le prochain s'amende,
& s'edifie en la glace de ſes vertueu-
ſes actions.

*Vas ſpirituale.*

Qu'elle ſoit comme vn beau vaſe,
dans lequel on ne met que les plus
odorantes fleurs, afin qu'on voye

fleurir, & flairer en elle l'amour de
Dieu & du prochain; les vrays lys qui
croiſſent dans les ames ſanctifiees.

### Hortus concluſus.

Qu'elle ſoit le Iardin clos à toutes
les mondanitez : mais ouuert à receuoir les graces, dons & faueurs du
S. Eſprit, afin qu'elle ne produiſe que
des fleurs & des fruicts d'humilité &
d'obeyſſance.

### Roſa inter ſpinas.

Qu'elle ſoit la Roſe touſiours ver-
meille entre les ronces & eſpines de
l'integrité, afin que la main des appetits ſenſuels ne s'en approche pour la
toucher ou cueillir.

### Fœderis arca.

Qu'elle ſoit l'arche de confederation enuers ſon Sauueur. Que l'integrité de la contrition la rende incor-
ruptible au peché; & qu'elle ſoit doree du beau luſtre des vertus; afin
qu'elle puiſſe eſtre dignement le Ci-
boire de la Manne celeſte qui nous

est offerté au tres-sainct Sacrement
de l'Autel.

*Stella matutina.*

Qu'elle soit claire & nette comme
l'Estoile qui precede le leuer du Soleil, pour s'annoncer & asseurer l'es-
poir qu'elle doit auoir en la promesse
de Iesus-Christ, sans laquelle nous ne
iouyrions iamais du iour de la
beatitude.

*Signum tra*

Qu'elle ne soit l'ame de
l'Amour diuin, & que ce feu iamais
ne s'esteigne, pour estre à soy mesme
vn presage certain de la bonace perpetuelle.

*Turris fortitudinis.*

Qu'elle soit vne Tour inexpugnable aux attaques de Satan, pour se cõ-
seruer & maintenir si bien en la grace de Dieu, que le peché n'y puisse
aucunement entrer.

*Fons consolationis.*

Que d'elle comme d'vne Fontaine

qui iamais ne tarit, ſorte & fluë toute
conſolation & bien-faicts pour ayder
& ſoulager ceux & celles qui ſeroiét
affligez, tant au ſpirituel qu'au tem-
porel.

### *Laurus ſalutaris.*

Qu'elle aye la proprieté & vertu
du Laurier, pour n'eſtre iamais at-
tainte de la foudre infernale ; mais
plutoſt qu'eſtant touſiours armee du
ſigne de la S. Croix, elle en ſoit bien
loing eſcartee & repouſſee.

### *Ciuitas Dei.*

Qu'elle ſoit comme vne Cité, ou
Ville bien reglee, dans laquelle on ne
reçoit pour côcitoyens que ceux qui
portent ſur le front la marque de fi-
delité & d'eſlection, afin qu'elle ne
ſoit peuplee que de ſainctes penſées
& reſolutions pour ſeruir à ſon Createur.

### *Porta Cœli.*

Qu'elle ſoit en integrité de mœurs,
claire & brillante, comme vne voye

ou entree à la vie bien heureuse, pour
y conuier par bons exemples & sainctes actions, les ames qui se seroient
deuoyees par la flateuse tromperie du
peché.

### *Apis sacra.*

Qu'elle soit vne Abeille à flaire dignement les fleurs sacrees de l'Eglise
Catholique, pour s'en faire & pro-
duire le miel de la iouyssance des de-
lices eternelles.

### *Columba Noël.*

Bref, ~~saincte Dame~~, Mere du tout
puissant, faictes qu'elle soit à vostre
imitation vne Colombe blanche, &
nette en pureté de conscience, & que
portant le rameau de la remission de
ses pechez, elle se console en la misericorde de Dieu, & en vostre intercession, qui peut appaiser & moderer
le deluge de la iuste reparation de
nos fautes.

Alors qu'elle se verra ornee de tant
de belles pierres precieuses, & enri-

chie de rares qualitez, elle s'aſſeurera
quittant ce monde immonde , d'eſtre
vn iour receuë au nombre de celles,
qui admirant voſtre incomparable
beauté , doiuent contempler à tous
jamais la saincte & sacrée face de
Dieu. Ainſi ſoit-il.

---

*TRANSLATION DE L'AVE*
*Maris ſtella en vers Lyriques*
*François.*

*Aue Maris ſtella.*

HVmble ie te saluë,
Alme Eſtoile du Nort,
La Mere non polluë
Du Paradis le port.

*Sumens illud Aue.*

Receuant du ſainct Ange
Ce ſalut de renom,
Calme l'orage eſtrange
Changeant d'Eue le nom.

*Solue vincla reis.*

Sors les serfs d'esclauage,
 Guide l'œil sans clairté,
 Repoussant tout dommage,
 Donne prosperité.

*Monstra te esse matrem.*

Monstre que tu és Mere,
 Qu'escoute nostre esmoy,
 Celuy qui nous est frere
 Voulant naistre de roy.

*Virgo singularis.*

Vierge toute propice,
 Parangon de bonté,
 Fais nous exempts de vice
 Mais pleins de chasteté.

*Vitam præsta puram.*

Donne vne saincte vie,
 Et le chemin de paix
 Qu'en Iesus soit rauie
 Nostre ame pour iamais.

*Sit laus Deo Patri.*

Loüange soit au Pere,
 Comme au Fils Iesus-Christ
 Qu'vn seul Dieu on reuere
 Compris le sainct Esprit.

# MEDITATIONS TRES-DEVOTES SVR l'Aue Maria.

## *Aue Maria.*

A Mes Chrestiennes & Catholi-ques, quand vous dites *Ie te saluë Marie*, vous saluez toute la Cour Celeste, puis que la Vierge Marie est l'Emperiere du Ciel. Disans, *Ie te saluë*, c'est tout autant, que si vous luy disiez : Nous te venons rendre le deuoir & obeyssance que nous te deuons. Nous te recognoissons pour celle qui a mis le pied sur le Diable, le Monde & la chair, & qui a brisé la teste au Serpent qui fit pecher Adam & Eue. Bref, nous venons à toy auec oblation, comme à la Mediatrice entre Dieu le Pere & le genre humain, & qui arreste bien souuent la foudre

toute preſte, pour eſtre eſlancee contre les Ames pechereſſes.

*Maria.*

Qand vous dites *Marie*, c'eſt tout
autant que ſi vous luy donniez cinq
noms, ou qualitez à la fois : Car M.
ſignifie Mere de Dieu. A. Aſyle des
pauures pecheurs. R. Reine des
Cieux. I. Iardin des vertus. E. Eſtoile
du Nort.

*Gratia plena.*

Vrayement, belles Ames, quand
vous luy dites Pleine de grace, vous teſ-
moignez par ces mots, qu'elle eſt vn
monde de perfections, que toutes les
beautez qui ont eſté, qui ſont, & qui
feront iamais, ſont toutes compriſes
en elle ; côme dans le Tableau, beaucoup plus parfaict que ceux de ce
grand Apelle, où le Createur du mô-
de à voulu aſſembler toutes les beautez, pour en faire vne tellement par-
faicte, que toutes les nations n'exaltent, & ne chantent que Marie Mere
de l'Eternel.

## *Dominus tecum.*

Quand vous luy dites, *Le Seigneur eſt auec tay*, vous la preſchez pure & nette, voire plus brillante que le Soleil; Auſſi c'eſt d'elle, de qui le Sage a voulu parler, lors qu'il a dit : *Le Seigneur a mis & poſé ſon Tabernacle au milieu du ſoleil.* Auſſi elle eſt le vray ſanctuaire du fils de Dieu. L'Arche d'Alliance, où ceſte Manne, & nourriture de nos Ames fut conſeruee pour noſtre redemption.

## *Benedicta tu in mulieribus.*

Lors que vous luy dites, Ames deuotes: *Tu es beniſte ſur toutes les femmes:* Vous la nommez Mere de Dieu, eſleuë & perfectionnee ſur toutes les Vierges, ſanctifiée dans le ventre de ſa Mere, comme conceuë, exempte du peché originel. Bref, preparee & choiſie de toute eternité, pour eſtre le Cabinet des plus grands ſecrets de la toute puiſſance; puis que IESVS-CHRIST a voulu ſeiourner dans ſes entrailles, pour là moyenner le pardon, & grace au genre humain enuers Dieu ſon pere tout puiſſant.

*Et benedictus fructus ventris tui.*

Luy diſant : *Et benit eſt le fruict de ton ventre*, vous la publiez comme l'Arbre, ou le Pomm. er ſacré & ſalutaire, qui a porté le fruict dont la douceur a guery nos ames des douleurs infernales. Le Pommier diſ-ie, qui comme Antidote, a produit, & porté la Pomme qui nous a gueris du venin dont la Pomme du Paradis terreſtre auoit empoiſonné nos Ames. Ce Pommier a eſté arrouſé par le hanap Celeſte, par la faueur & obombratiõ du ſainct Eſprit, qui cooperant nous a donné le fruict qui ſera benit à jamais par les Ames deuotes, & zelees à leur Createur.

## I E S V S.

Quand vous luy dites I E S V S, vous luy nommez ſon Fils, le Verbe diuin & Eternel, qui s'eſt fait hõme pour ſauuer l'homme. Vous proferez le nom myrifique, treſ-puiſſant, & terrible; puis qu'à ce nom toutes les choſes Celeſtes, terreſtres & infernales fleſchiſſent & s'humilient. Les Anges l'honorent, l'exaltent & reuerent. Les Anges racontent, publient, & chantent journellement par leurs diuers & admirables mouuemens, ſa puiſſance & ſa gloire. Les animaux raiſonnables & irraiſonnables le recognoiſſent, ſe ſoubmettant à ſon Sceptre comme treſ-ſouuerain. Et les Demons le redoutent, tremblent, fuyent, & demeurent ſans pouuoir, par la ſeule inuocation que l'homme en fait, lors qu'en ſes neceſſitez il dit ſeulement I E S V S.

*Sancta Maria Mater Dei ora pro nobis.*

Quand vous luy dites, *ſaincte Ma-rie Mere de Dieu, prie pour nous* : Vous declarez auec toute l'Egliſe militáte, que comme Mere du tout-puiſſant, elle peut impetrer pour nous, & n'eſt

iamais esconduite de toutes les re-
questes qu'elle faict à son fils noſtre
Seigneur, comme lors que par son
entremise il changea l'eau en vin.
Auſſi par la ſupplication de ceſte
ſaincte & ſacrée Dame, nos miſeres
ſont changees en proſperitez, noſtre
peché en pardon, & noſtre banniſſe-
ment & exil en reſtabliſſement & ac-
cueil plein de felicité.

*Peccatoribus.*

Quand vous dites *Pecheurs*, Vous
acculez noſtre foible nature, qui pro-
cliue au peché, s'amende toutesfois
par contrition & repentance, & im-
plore la miſericorde de Dieu, afin
qu'il luy plaiſe nous receuoir en grace, & nous bien-heurer de ſon ſainct
Paradis.

*Nunc, & in hora mortis noſtræ.*

Bref belles Ames, quand vous luy
dites, *Maintenant, & à l'heure de noſtre
mort*: Vous luy demandez ſecours en
ce voyage terreſtre, pour le pouuoir
faire

faire, ſans encourir danger de tomber
entre les griffes de Sathan, qui ne trauaille que pour nous faire choir dans
le precipice de la damnation perpetuelle: Mais principalement à l'heure
de noſtre treſpas, où cet ennemy iuré
employe toutes ſes forces, pour nous
empeſcher de reuiure en noſtre Sauueur, contemplant à tout iamais ſa
ſaincte & ſacrée face.

## AVTRE ORAISON A LA VIERGE
*Marie, afin qu'il luy plaiſe obtenir de ſon*
*Fils noſtre Seigneur que nous nous*
*puiſſions bien & deüement ſer-*
*uir de nos cinq ſens*
*de Nature.*

Douce Vierge, Mere du tout
puiſſant, impetrez ie vous prie
de voſtre fils noſtre Seigneur, qu'il
me donne la grace de me pouuoir ſeruir de mes cinq ſens ſelon ſa saincte
volóté Faites donques, douce Dame,

qu'il esclaircisse ma veuë, leuant de
mes yeux la catharacte du peché, afin
que desormais ie ne regarde que les
merueilles de voftre puissance. Qu'il
espure mon ouye, afin que ie n'escoute que ses sacrees & salutaires paroles, me faisant sourde à la voix trom-
peuse de ce monde. Qu'il me subtilise
l'odorat, afin que ie puisse dignement
flairer lès roses, & œillets que le sang
de ses playes faict naiftre dans le iardin de l'Eglise militante. Qu'il me
reigle tellement le gouft, que ie puisse
aues vn parfaict contentemét sauou-
rer & receuoir son precieux corps, la
vraye nourriture des Ames fidelles.
Et qu'il me fortifie l'attouchement
afin que ie reçoiue la ioye de laquelle
les Chrestiens s'extasient en baisant
& embrassant sa saincte Croix. Ainsi
Vierge des Vierges par voftre fauorable intercession, ie seray affez fort
pour refifter aux tentations de Satan,
& courageux pour suyure voftre fils

mon Redempteur iufques au lieu où
ie puiffe viure à tous iamais en la contemplation de fa diuine Majefté.

----

*LES HYEROGLIPHES*
*des vertus & merites de la*
*glorieufe Vierge.*

LÉ Tableau qui reprefente les
vertus & merites de la bien-heu-
reufe Mere de Dieu, eft enrichy de
toutes les figuresmorales appropriees
aux qualitez de cefte faincte Dame.
Nous y voyons doncques au milieu
vne jeune Pucelle habillee d'vne
Robbe rouge, couuerte d'vn manteau bleu, ayãt foubs vn pied la Lune,
& foubs l'autre la tefte d'vn Dragon.
Cefte Pucelle à fur fa tefte vne Couronne enrichie de douze Eftoiles, &
regardant en haut joinct les mains,
comme fi elle imploroit l'ayde & faueur d'vn beau Soleil, qui de fes rais

l'entoure de toutes parts, & semble la
desirer à soy.

Ceste jeune Pucelle nous signifie la
Vierge Mere de Dieu, qui par le don
de virginité a triomphé & excellé sur
toutes les Vierges, puis qu'elle fust
Vierge auant l'enfantement, en l'enfantement, & apres.

Sa Robbe rouge nous signifie le
sang de son fils nostre Seigneur, res-
pandu pour nostre Redemption, ou
les cruelles pointes qui luy ont percé
le cœur, le voyant mourir au milieu
de tant & tant de supplices.

Ce Manteau bleu monstre la loyau-
té qui estoit en elle: car iamais elle ne
pecha. Ou bien ce bleu nous represente le Ciel duquel alle deuoit
estre Reyne à perpetuité.

La Lune qu'elle a soubs vn pied
monstre que l'influence des Astres ne
pouuoit rien sur sa Nature, puis que
Dieu l'auoit faict naistre, & l'auoit
preparee pour estre son Espouse.

La tefte du Dragon foubs l'autre pied, eft la figure myftique de noftre victoire : Car par elle le Diable fut vaincu, & nous rachetez de la capti-uité en laquelle nous auoit reduits le peché de noftre premier Pere.

La Couronne ornée de douze Eftoiles, defcouure & fignifie, qu'au milieu des douze Apoftres elle deuoit auec eux receuoir l'eftrene ineftima-ble en langues de feu, fuyuant la pro-meffe de fon fils noftre Seigneur.

Cefte ieune Pucelle qui fupplie deuotement ce Soleil, eft la Vierge mefme, qui maintenant extafiee en la contemplation de la faincte Trinité, la prie inceffamment de nous pren-dre à mercy, & de ne vouloir vfer de courroux en noftre endroit : mais de nous fauorifer pluftoft de fa faincte mifericorde.

Bref, ce Soleil eft cefte mefme Tri-nité, vn feul Dieu, qui de fes graces & faueurs l'a tellement embellie,

qu'espris de son amour, il luy a dit:
*Viens à moy mon Espouse, & sors du*
*Lyban, tu seras couronnée.*

Tout à l'entour de ceste fille ex-
cellente en beauté, de ceste Vierge
belle par excellence, sont peints les
Hieroglyphes descouurans les merites de Marie Mere de l'Eternel.

Nous y voyons donc vn beau Miroir polly & brillant à merueille. Lettre qui nous enseigne, & tesmoigne,
qu'en elle toutes les Vierges & sainctes Dames qui furent iamais, peu-
uent voir tous les plus beaux traicts
& lineaments des vertus, aussi elle
estoit sans macule.

Vn beau Lys sortant d'vn Vase de
Cristal, monstre que de ceste Vierge
pure & nette, est sorty le Lys diuin,
qui de son odeur salutaire a guery nos
Ames empoisonnees par le peché
d'Adam.

Vn Iardin clos de tous costez n'ayāt
aucune ouuerture, que pour recuoir

la roſee du Ciel, eſt le Hieroglyphe repreſentant l'integrité de ſa belle Ame, laquelle eſtoit fermee aux mõdanitez : mais ſeulement ouuerte à receuoir les graces du ſainct Eſprit, dont elle eſtoit continuellement arrouſee.

Vne Roſe dans vn buiſſon bien eſpais, & armé d'eſpines, monſtre qu'elle auoit tellement la crainte de Dieu en recommandation, qu'elle luy ſeruoit de targue, & la deffendoit ſi vaillamment des appetits ſenſuels, qu'ils n'en oſoient ſeulement approcher.

Vne Arche toute doree, dans laquelle eſt enclos vn grand & riche threſor, eſt l'accord & confederation que Dieu fiſt miſericordieuſement auec le genre humain : Car dans les flancs de ceſte Vierge, neuf mois durant fut conſerué Ieſus-Chriſt, la Manne de nos ames, & le threſor de noſtre Redemption.

C iiij

Vne belle Estoile, telle que nous voyons au matin, lors que le Soleil approche nostre Horison, represente ceste belle Dame, dont la naissance nous fut l'aggreable Aurore qui promettoit, & nous aramené le Soleil de iustice & de misericorde, de qui la diuine lumiere a chassé la nuict des peines que le peché nous auoit causées.

Vne Flame couronnée qui iamais ne s'esteind est la pureté de la Vierge qui comme vn S. Elme, par les graces & faueurs qu'elle obtient du tout puissant, Et comme Reine des Estages Celestes nous presage la bonace au milieu de nos peines & trauaux.

Vne tour sans porte ny fenestre quelconque fossoyée tout autour, & taluee comme vne forteresse inexpugnable, est la Saincteté de sa belle Ame, qui a tellement resisté contre le peché, que iamais aucune mauuaise pensée y soit entrée, ny moins

qu'elle

qu'elle s'en soit approchée.

Vne Fontaine, où plusieurs febricitans boiuent pour estacher l'ardeur violéte qui les trauaille & consomme, est le credit qu'elle a enuers son Fils, qui continuellement fluë & distile dans nos Ames pour amortir le feu de la iuste reparation de nos fautes, & pour nous donner toute consolation en nos aduersitez.

Vn Laurier à l'ombre duquel se refugient plusieurs affligez, est la lettre significatiue de son diuin pouuoir côtre Satā: Car tout ainsi que le Laurier est tousiours vert, & que iamais il n'est frappé de la foudre. De mesme ceste Vierge est tousiours preste pour nous secourir, & nous asseurer l'esperance que nous deuons auoir en ses merites qui ont telle vertu que la reclamant elle escarte & detourne la fouldre des embusches de l'ennemy iuré de nos ames.

Vne Cité ou entre, & d'où sortent

D

des Anges, declare manifestement
que son cœur n'estoit peuplé que de
sainctes pensées, & resolutions pour
seruir a Dieu, & pour aymer son prochain.

Vne porte brillante & radieuse,
comme vn beau Soleil en plein midy,
est l'entree de l'Eternelle felicité qui
nous est promise par la force de ses
continuelles prieres, & supplicatiõs.

Voyla donc le Tableau caracteré
des mysteres de ceste saincte Vierge.
Voyla le Tableau qui doit estre l'ob-
ject de nos Ames, afin que meditant
sur les figures diceluy, nous les dispo-
sions à suyure les traces de ceste saincte Dame.

---

## LES SAINCTES PARALLELES
### de la Vierge & de la Croix.

L A Croix sur laquelle le Sauueur
du monde fut attaché, fut l'Ar-

bre qui porta le fruiƈt de noſtre ſalut.
La Vierge Marie fut auſſi la maiſon
dorée , dans laquelle habita l'eſpace
de neuf mois, la ſeconde perſonne de
la Trinité.

La Croix fut l'inſtrument par lequel le Paradis nous fut ouuert. La
Vierge fut auſſi la mediatrice de
paix entre le Dieu le Pere, & le genre humain.

La Croix fut l'Enſeigne ſoubs laquelle ſe doiuent ranger tous les fidelles Chreſtiens. La Vierge fut l'E-
ſtoile, ou gouuernail, dont les vertus
& merites nous font triompher de
l'ennemy de nos Ames.

La Croix fut empourpree du ſang
de Ieſus-Chriſt. La Vierge fut arrouſee des graces du S. Eſprit.

La Croix fut faiƈte & formee de
deux pieces. La Vierge auoit vn corps
pur & net, & vne Ame exempte de
peché.

La Croix fut la Table ſur laquelle

fut immolé l'Agneau de Dieu. La Vierge fut la Mere benigne, & douce au genre humain, qui l'a allaicté & nourry du fruict de sa pure conception.

La Croix fut l'Espee par laquelle les ennemis infernaux furent chassez & vaincus. La Vierge fut l'Emperiere triomphante, qui foula soubs ses pieds le Diable, le Monde, & la Chair.

La Croix auoit quatre bouts respõdant aux quatre parties du monde. La Vierge est honoree & exaltee en Oriét, Occident, Midy & Septentrion.

La Croix fut plantee sur le Mont de Caluaire. La Vierge naquit en Iudee.

La Croix fut d'vn bois preparé pour Antidote à celuy dont le fruict sortit Adam & Eue du Paradis terrestre. La Vierge fut choisie & enrichie des graces du Ciel par dessus toutes les Vierges, pour reparer la faute de la premiere femme.

La Croix garantit & preserue des

tentations & embuſches de Satan. La Vierge eſt noſtre Aduocate enuers Dieu, & retient bien ſouuent la foudre preparee, pour nous eſtre dardee, & eſlancee.

La Croix a guery pluſieurs maladies & infirmitez. La Vierge a faict & faict mille merueilles, tant pour le bien de nos ames que de nos corps.

La Croix fut troüee & percee de trois cloux. La Vierge fut principalement oultree de trois douleurs indicibles, à ſçauoir, lors qu'elle viſt empriſonner, flageller, & crucifier ſon Fils.

La Croix fut trouuee dans vn foſſé par ſaincte Heleine, Mere de l'Empereur Conſtantin. La Vierge aprés ſon treſpas fut trouuee rauie & portée par les Anges dans le Ciel.

Bref, la Croix eſt le Bouclier de tous les fidelles Chreſtien & Catholiques. La Vierge Marie auſſi, eſt la Mere tutrice de tous ceux qui ſe confient au pouuoir de ſa ſaincte interceſſion.

Courage, belles Ames, courage
Chrestiens & Catholiques, visitez deuotement ceste saincte Chappelle, ce
lieu que la Vierge a voulu choisir entre
des Landes, & des simples Pasteurs.
Allez y en toute humilité, puis que
vous voyez que ceste Vierge n'est qu'-
humilité, consolation & amour. Ceste
Emperiere du Ciel, ceste Reine des
Anges vous y assistera de ses faueurs,
vous bien-heurera de ses prieres, vous
consolera de ses charitables remedes,
& vous reconciliera tellemét auec vostre Createur, que vous vous verrez vn
iour entre les Anges, dans le Haure de
toute tranquilité, dans le Palais de
toute felicité, dans le Royaume de
toute beatitude, bref, dans le Paradis.
Ainsi soit-il.



FIN.

# APPROBATION.

IE PIERRE GARANDE Docteur & Professeur en la sacree faculté de Theologie grand Archidiacre, & Chanoine Theologal en l'Eglise d'Angers, certifie auoir exactement leu ce petit discours intitulé, Le Pelerin de nostre Dame du Chesne, auec quelques Meditations & Litanies suyuantes, & n'auoir rien trouué en iceluy contraire à la Doctrine Chrestienne, ains que faisant les visites de mon Archidiaconie l'annee derniere, me trouuant en la Parroisse de Vion, i'ay desiré voir la Chappelle de nostre Dame du Chesne, en laquelle ie recognus vne tres-grande deuotion, & plusieurs personnes qui m'asseurerĕt y auoir receu beaucoup de graces & faueurs de Dieu, apres y auoir saict leurs voyages, dont ie fis procez verbal, lequel i'ay presenté à Monsieur le Reuerend Euesque d'Angers. Faict audit Angers le deuxiesme iour de Iuin mil six cens vings cinq.

Signé P. GARANDE.